LOS MURSI

Alcancemos a los Todavía No Alcanzados de Etiopía

LIBROS

BWD
Una Biblioteca para el Mundo
por Tammy Condon

Testigo Presencial
Una Sociedad Opresiva Vista desde Adentro
por Gusztinné Tulipán Mária

Juntos, Lado a Lado
Nuestro Servicio a la Gente de Cactus, Texas
por Jenni Monteblanco

Los Mursi
Alcancemos a los Todavía No Alcanzados de Etiopía
por Howie Shute

LOS MURSI

Alcancemos a los Todavía No Alcanzados de Etiopía

Howie Shute

Misiones Nazarenas Internacionales

Diseño de cubierta: Juan Fernández

Traducción: MINISTERIOS SINERGIA. *info@ministeriossinergia.com*

Diseño interior: Darryl Bennett

A menos que se indique lo contrario, las citas bíblicas han sido tomadas de la Versión Reina-Valera de 1960.

Índice de Contenido

PREFACIO

Las historias de este libro desafiarán al lector a participar en las misiones tanto domésticas como extranjeras. Mi esperanza es que, al leer estas historias, el compromiso del lector de hacer discípulos se haga más profundo y fuerte. Todos necesitamos centrarnos en guiar a nuestras familias a Cristo Jesús, como también a nuestros vecinos, a nuestras comunidades e incluso a aquellos que viven a miles de millas de distancia de nosotros. ¡Dios puede usarnos a cada uno de nosotros!

Para que la historia de Mursi tenga en usted el máximo impacto, al final de cada capítulo le he provisto de preguntas para su reflexión y estudio personal ("Actúe"). Lea el capítulo y luego considere los puntos en "Actúe" antes de continuar con el próximo capítulo.

Mientras escribía este libro, oré por usted. Al someter el manuscrito al editor, le pedí a Dios que hiciera cosas nuevas y frescas en las vidas de todos los que lean el libro. Mi oración es que Dios le guie a ser un ganador de almas y un multiplicador de seguidores de Jesús.

INTRODUCCIÓN

Desarrollemos un Contexto para esta Historia

Mi esposa Bev y yo llegamos a Etiopía en diciembre de 1997, donde serviríamos como misioneros globales de la Iglesia del Nazareno por los próximos 15 años. Durante los primeros 11 años, servimos como los líderes de la misión para el Cuerno de África. En los últimos años como misioneros servimos en la oficina regional de África con sede en Johannesburgo, Sudáfrica. Durante ese tiempo, Bev sirvió como coordinadora regional de personal, y yo como el asistente del director. El contexto de este libro, no obstante, se da dentro de nuestra asignación como líderes en el Cuerno.[1]

El Cuerno de África es un asombroso mosaico de diversas culturas e idiomas. En el Cuerno se hablan más de 600 idiomas, y todos ellos representan pueblos nativos con distintas culturas.[2] Desde una perspectiva misional, alcanzar a estos grupos de pueblos nativos con el evangelio requeriría diferentes estrategias para cada grupo en particular. Así que, alcanzar la gente de todo un país demandaría más de una estrategia, lo que a menudo significa que otras tantas estrategias se deberán implementar para cada grupo de pueblo nativo dentro de cada país. Ya usted se puede imaginar cuán compleja se vuelve la labor misional en el Cuerno ante la tarea de alcanzar a sus 600 grupos de pueblos nativos.

Etiopía tiene 90 grupos de pueblos nativos dentro de sus fronteras. Esto quiere decir que cada uno de esos 90 pueblos requerirá potencialmente diferentes estrategias cuando el evangelio es llevado a Etiopia. Los Mursi es uno de esos pueblos.

Mucha de la gente en Etiopía pertenece a pueblos no alcanzados, pueblos sin ningún movimiento autóctono de iglesia cristiana que se propague a sí mismo. Cualquier grupo étnico que no tenga el suficiente número de cristianos para evangelizar el resto de la nación es un "pueblo nativo no alcanzado". Este libro relata la historia de alcanzar a los Mursi, los cuales por definición son un pueblo nativo no alcanzado. De hecho, cuando comenzamos nuestra misión a los Mursi no sabíamos de un solo nativo de la tribu que fuese creyente.

Mi liderazgo en el Cuerno de África consistía en coordinar y dirigir la tarea misional de nuestra denominación en seis países del Cuerno, y en hacer discípulos en los 600 pueblos nativos de esta tan apasionante, complicada y a veces peligrosa área del continente de África. Inicialmente serví como coordinador de la misión en el Cuerno de África, y más tarde como coordinador de estrategias de estos países una vez formaron su propia área de misión. Tenía a cargo la coordinación de todo el personal misionero, las finanzas para la misión, los ministerios compasivos, la fundación de nuevas iglesias, el desarrollo de iglesias y la utilización de recursos. El coordinador tiene como su meta enfocarse en la responsabilidad de desarrollar e implementar las estrategias para alcanzar todos los grupos nativos que vivan dentro de los linderos del área, así como desarrollar iglesias fuertes que produzcan discípulos semejantes a Cristo en cada uno de estos pueblos nativos.

Durante mis 11 años en el Cuerno de África pude ver cosas maravillosas. Lo que ocurrió solo puede explicarse como un Movimiento de Dios: una explosión de iglesias y de nuevos creyentes; vidas transformadas y milagros cada día. ¡Un líder misional no podía pedir más!

¿Cierto? El problema era que donde la iglesia se extendía más era entre pueblos nativos que ya habían sido alcanzados. Yo estaba contento por la multitud de nuevos creyentes que llegaban a la iglesia diariamente, y también por las iglesias que se añadían a los distritos en un número fenomenal. Sin embargo, mientras hubiera pueblos sin todavía ser alcanzados, en mi corazón había un anhelo de llevar el evangelio a donde todavía no había llegado.

Así que, la carga por alcanzar a los Mursi la sentía muy pesada sobre mis hombros. Mi corazón anhelaba alcanzar a este pueblo perdido. Su cultura y lenguaje eran tan distintos de otros pueblos nativos en el Cuerno que se requeriría una estrategia única y un movimiento real de Dios para alcanzarlos. Este libro nos relata la historia de cómo Dios nos dio la estrategia, y cómo Él nos usó para llevar el evangelio a los Mursi.

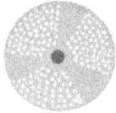

CAPÍTULO 1

El Viaje a lo Desconocido – 1999

"Ayzo!" gritó el joven etíope que iba sentado como pasajero a mi lado en mi Toyota Land Cruiser. Era una forma nativa de Getahun de decir, "¡Mantén tu cabeza levantada!" Fue un aviso, pues ya iba yo a convertir en hamburguesa una vaca que reclamaba su derecho de estar en la carretera enfrente de mí. Esto no era raro; en los años 1990 era desafiante conducir un vehículo por las carreteras de Etiopía.

Habíamos dejado la ciudad capital de Addis Abeba temprano en la mañana en nuestro viaje a la parte más lejana de la esquina sudoeste de Etiopía. La primera parte del día viajamos a lo largo de la orilla de la carretera en dirección sur hacia Awasa. Era una carretera pavimentada con el asfalto tan destruido que descubrimos que era más ligero y cómodo conducir por el campo a la orilla de la carretera. Fue un alivio salir de aquella "carretera" al llegar al pueblo de Shashamane perteneciente al grupo nativo Oromo, y seguir nuestro camino hacia el pueblo de Sodo, perteneciente al grupo nativo Wolaita.

Luego de un ligero almuerzo de injera[3] y tibs[4] en el Hotel Bekele Mola, proseguimos camino a Arba Minch, una ciudad en la región de naciones, nacionalidades y pueblos nativos del sur Etiopía. En solo un día, viajamos a través de un sinnúmero de comunidades tribales con su colosal diversidad de culturas e idiomas hablados.

Era fácil quedar fascinado por la belleza del paisaje, los rostros amistosos de la gente y el zumbido de los sólidos neumáticos golpeando contra los cientos de kilómetros de carreteras. Estaba en uno de eso estados de fascinación cuando escuché a Getahun gritar "Ayzo", su aviso de advertencia. Yo había estado todo el día esquivando vacas, cabras, ovejas y gallinas, sin contar con la gran cantidad de burros que obstinadamente se rehusaban a abandonar espacio alguno del territorio donde estaban parados. (Aunque estos animales domesticados lo negaran, era mi carretera, no la de ellos). El aviso de Getahun vino justo a tiempo… pude evadir una vaca obstinada que se rehusaba cederle paso a mi Land Cruiser.

Si a estos muchos animales de granjas les encantaba ocupar este trecho de carretera, a la gente le encantaba aún más. Uno encuentra hombres, mujeres y algunas veces niños llevando sus animales al mercado por la carretera. De hecho, en los días de mercado, viajar por las carreteras es extremadamente lento en Etiopía. Incluso en los días que no hay mercado, la población rural de Etiopía se agrupa en la carretera para ponerse al día de las actividades de la noche anterior y comentar las noticias de las grandes ciudades.

La población de Etiopía es sumamente diversa con sus 90 grupos étnicos. Sus culturas varían de un pueblo a otro, hablando en una multitud de lenguas y dialectos. Desde el principio mismo de nuestro tiempo como misioneros, me sentía fascinado por el pueblo etíope. Son un pueblo hermoso y de un corazón cálido y amoroso. Considero el haber conocido el pueblo etíope como uno de los más grandes privilegios en la vida.

El propósito de este viaje era poder conocer a uno de estos pueblos tribales por primera vez. Había escuchado ya de la tribu de los Mursi antes de nuestra llegada a Etiopía leyendo la revista National Geographic. Un artículo en la revista captó mi atención al toparme con unas fotos increíbles de las mujeres Mursi. Las fotos las mostraban con unos enormes platos decorados en sus labios. El artículo explicaba la razón de esa costumbre.

Las mujeres Mursi cortan el labio inferior dejando la mandíbula conectada solo a los lados de la boca. Una simple clavija de madera es insertada en la incisión, sosteniendo el labio inferior hacia fuera de la boca. La madre de la joven (u otra mujer relacionada a la joven) realiza el procedimiento quirúrgico casero que usualmente se aplica a la joven antes del matrimonio (tan temprano como a los 14 años). La joven entonces progresivamente continúa insertándose la clavija de madera que va aumentando en tamaño durante los próximos meses y años, para con el tiempo reemplazar la clavija con platos decorados. El plato labial es signo de belleza y vigor femenino. Algunos dicen que mientras más grande es el plato, más hermosa es la mujer.

La travesía para llegar al área donde viven los Mursi duró tres días. Pasamos la noche en Arba Minch antes de partir temprano en la mañana en lo que a veces sería un viaje peligroso por la zona de Omo del Sur en Etiopía. La ruta volteaba a través de una multitud de lechos de ríos secos hasta el pueblo de Jinka, el último de tamaño considerable en la esquina del sudoeste de Etiopía. El terreno desértico era engañoso – la lluvia de las montañas usualmente pasaba desapercibida por los viajeros que atravesaban el desierto abajo. En un momento el cauce del río era polvoriento y seco y de momento se convertía en una precipitada crecida que arrastraba consigo insospechados vehículos. En más de una ocasión un Land Cruiser con sus ocupantes fueron víctimas de tales inundaciones repentinas en el valle de Omo del Sur. Orábamos mientras conducíamos que nosotros no fuéramos parte de esas estadísticas.

Después de un largo día esquivando hoyos, gentes y animales y un segundo día viajando por un caluroso desierto, llegamos a Jinka. Tomamos de un merecido descanso en el Hotel Orit, tras lo cual continuamos viajando a una de las áreas más remotas de Etiopía. El viaje nos llevaría a través del Parque Nacional Mago, una sábana con áreas boscosas por aquí y por allá a lo largo de los ríos. Una variedad de fauna silvestre recorría la reserva del Parque Nacional, una remota área de arbustos que se extiende por más de 2,000 kilómetros

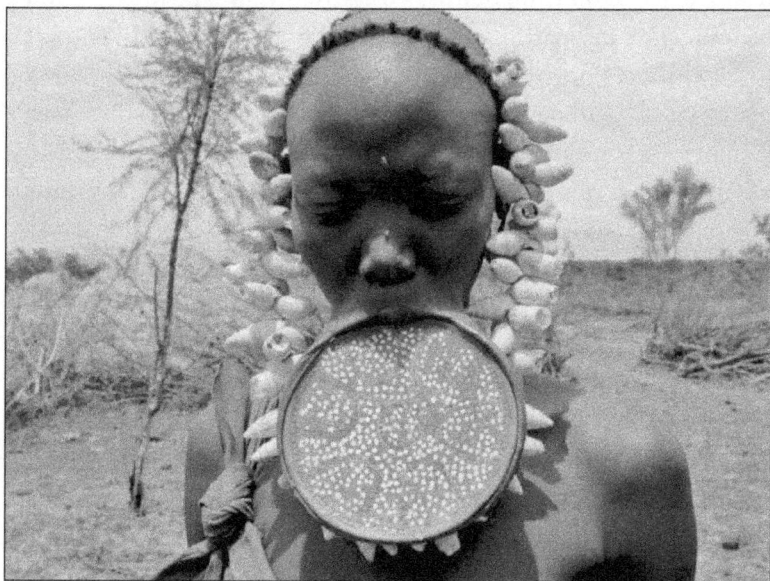

Esta joven mujer Mursi me permitió tomarle una fotografía durante uno de mis encuentros con el pueblo Mursi. Cuando vi fotos así fue que cobré interés en visitar este asombroso pueblo.

cuadrados (772 millas cuadradas). En el camino vimos gran cantidad de antílopes y cebras. Al adentrarnos más al interior de la tierra de tantos pueblos tribales, los antílopes topi, alcéfalos y kudus corrían huyendo de nuestro vehículo. Vivían en esa región los pueblos Aari, Banna, Bongoso, Hamar, Karo, Kwegu, Male y Mursi.

La vida silvestre en esa región del país puede ser evasiva. Aunque usted no los vea, están ahí. Algunas veces se ven búfalos, jirafas y elefantes. Es al león y al leopardo los que espera no ver, especialmente cuando se está cambiando un neumático desinflado, cosa que ocurre a menudo en este tipo de travesía. Los pueblos remotos de esta región de Etiopía viven abiertamente entre estos dispersos animales devoradores de hombres.

Mientras continuábamos con nuestro viaje, sabíamos que encontrar a los Mursi no sería tarea fácil. Los Mursi es una tribu nómada. Habitan donde sus cultivos tengan la mejor cosecha. Si llega la sequía, buscan un área que reciba lluvia. Su principal cultivo es el maíz. Comen el maíz como su principal vegetal. También alimentan a su ganado con maíz cuando el pasto y heno escasean.

Las vacas son extremadamente importantes para el pueblo Mursi. Le proveen carne y leche para su escasa dieta. Sus vacas también les proveen de sangre para su acostumbrada bebida que es una mezcla de leche con sangre. Abren una venita en el cuello de la vaca para extraer sangre con ese propósito. Solo extraen la necesaria para todavía dejar sus vacas fuertes y saludables. Si usted quiere desarrollar relaciones con este pueblo, tomar su bebida de sangre con leche será necesario algunas veces. Yo esperaba que no fuera así en este mi primer viaje a su tierra.

ACTÚE

- ¿Qué acciones está tomando usted para entrar en contacto con gente en su comunidad, con vecinos, y con los miembros de su familia que aún no han sido alcanzados con el evangelio?

- ¿Cómo usted desarrollaría relaciones significativas con la gente mencionada en la pregunta anterior?

- Mucha gente ha oído el evangelio, pero realmente no lo han entendido. ¿Qué usted haría para que el evangelio sea mejor entendido entre los que son ignorantes o mal informados acerca de las buenas noticias que tenemos en Cristo Jesús

- ¿Cuáles pasos usted ha tomado para recibir entrenamiento en cómo compartir su fe?

- Muchas personas se retractan de ser testigos de su relación con Jesucristo por vergüenza, inconveniencia o temor. Si usted es uno de ellos, ore ahora al Espíritu Santo que le dé confianza al compartir su fe.

- Un 90 por ciento de los cristianos evangélicos nunca en toda su vida han compartido su fe. ¿Con quién usted compartiría su fe este mes?

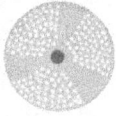

CAPÍTULO 2

El Primer Encuentro – 1999 – Tres Días Después

Finalmente llegamos a una estación de la Sociedad para Misioneros Internacionales (SMI) donde dimos con una pareja de estadounidenses que estaba tratando de incursionar en el pueblo Mursi. La SMI estaba muy involucrada en la enseñanza y en el desarrollando de currículos, el cuidado de salud, los programas de agricultura, los proyectos de agua potable y la cría de animales. La esposa estaba en la casa y le pregunté si podía ayudarme a encontrar a los Mursi ese día. Señaló hacia un sendero que daba a un área boscosa y nos dijo que un grupo de gente Mursi estaba viviendo a unos kilómetros en esa dirección. Así que, a partir de ese punto continuaríamos nuestro viaje a pie.

Sabiendo que dejar mi vehículo en un área tan remota sería una necedad, me vi en la necesidad de dar con alguien que cuidara de mi vehículo mientras Getahun y yo seguíamos nuestro viaje. En ese momento un hombre Mursi con un rifle AK-47 en sus hombros pasaba por allí. Puesto que no hablábamos su idioma (Mursi), tuvimos que comunicarnos por medio del lenguaje corporal. Nos convencimos de nuestro éxito cuando el guerrero Mursi trepó a la parte superior del Land Cruiser y se sentó en el techo del coche, agarrando en sus manos el rifle automático.

Caminamos a través del bosque como una hora siguiendo el trillado sendero. Seguramente, pensamos, que si seguíamos en ese sendero nos guiaría hasta los Mursi. Aunque viajar a pie por esas áreas silvestres era común para las remotas tribus del lugar, podía ser una actividad peligrosa para este par de recién llegados. Es cierto que Etiopía era la patria de Getahun, pero él era de la capital. Nunca había estado en áreas tan remotas y silvestres. No nos olvidábamos que leones, leopardos y hienas vivían en esta área, y además estaban las frecuentes escaramuzas entre las tribus por el ganado (quizá por esto era que el guarda Mursi cargaba con una AK-47). Mientras caminábamos a través de los matorrales buscando contacto con el pueblo Mursi, nuestra confianza no estaba puesta en ningún arma física. Nuestra confianza estaba puesta completamente en el Dios que nos encaminaba a entrar en contacto con un pueblo que básicamente no había sido alcanzado por el evangelio. La SIM ya había comenzado a relacionarse con los Mursi, pero este pueblo todavía no había puesto su fe en Cristo Jesús. (No lo sabíamos en ese entonces, pero sí habían guiado a un joven Mursi al Señor. Les hablaré más de él más adelante.)

De momento el sendero nos sacó del área boscosa a una sábana árida. Una aldea temporal aparecía delante de nosotros. Mujeres y niños corrían del campo hacia la aldea. Las mujeres corrían a sus refugios temporales para prepararse para la no esperada visita. Mientras corrían a sus chozas, noté sus labios inferiores colgando debajo de la barbilla. Una vez que salieron de nuevo de sus chozas, vi que tenían insertadas en sus labios las placas de barro decoradas. Descubrimos que no usan esas placas labiales al comer, trabajar o jugar.

Pero cuando llegan visitas se insertan los platos, al igual que otras mujeres se pondría sus joyas al vestirse.

Getahun no era tan gran espectáculo como lo era yo. Habían visto a otros etíopes de otras tribus, pero no era común ver a hombres blancos entrar sus aldeas. No se mostraban temerosos al vernos, ¿y por qué tenían que estarlo? Casi todos ellos, tanto hombres como mujeres, portaban fusiles AK-47; y ahí estábamos nosotros, entrando a su aldea como si fuéramos a un día de campo de nuestra escuela dominical.

Sus casas eran construidas con los desechos del tallo del maíz. Podía ver que el recogido de su cosecho de las mazorcas de maíz estaba casi terminado; los tallos de maíz que quedaban en el campo eran pocos y espaciados entre sí, ya que eran utilizados por los Mursi como material de construcción. Durante viajes posteriores a su territorio descubrí que este tipo de construcción era temporal, cerca de los sembradíos. En las aldeas permanentes construyen con barro y paja.

Niños de una tribu remota muestran gran interés al vernos. Es raro que se encuentren con hombres blancos en sus aldeas. Aunque no hablábamos su lengua, disfrutamos de momentos preciosos tratando de comunicarnos a través de gestos y expresiones faciales.

Noté que se agitaron cuando saqué mi cámara. Recordé que la tribu Hamar, vecinos del pueblo Mursi, no permitían por ninguna razón que se les tomaran fotos. La creencia era que una foto capturaba sus almas, haciéndoles prisioneros del que tomaba la foto. Sería poner en peligro la vida del camarógrafo solo por tener una cámara en la vecindad de los Hamar. En una ocasión un amigo mío tomó una foto del cráneo de una vaca que estaba colgando de una valla que rodeaba el sembradío de un hombre Hamar. De repente, un guerrero Hamar corrió hacia nosotros agitando su garrote en el aire. Brincamos a nuestro Land Cruiser y arrancamos antes de que el furioso hombre nos alcanzara. Apenas escapamos de su castigo ese día. Descubrí más tarde que cuelgan los cráneos en las cercas, porque creen que esto hará que sus sembradíos sean más fértiles. También creen que el que toma la foto del cráneo les roba a los animales la bendición de la fertilidad y se la lleva consigo.

Me tomó tiempo darme cuenta de que con los Mursi estaba bien tomar fotos mientras que fueran recompensados adecuadamente. Pude entender que no me permitían tomar fotos sin algún tipo de pago. Aparentemente este clan particular Mursi se había encontrado con turistas que les pagaban por dejarles tomar sus fotos. Para mí se hizo habitual tomar fotos con la cámara colgando de mi cintura y disparando desde la cadera. Algunas de las fotos eran un completo fracaso, pero con la práctica otras salían como las de un profesional.

Nuestro tiempo con los Mursi en este viaje fue breve. Poco pudo lograrse en este primer encuentro con este pueblo tan singular, siendo que la única forma de comunicarnos con ellos era con gestos de manos. Mientras regresábamos a nuestro vehículo a pie, comencé a orar por otra reunión con los Mursi y a planificarla.

Al llegar a nuestro vehículo, encontramos al guardia todavía encaramado sobre el Land Cruiser, con el fusil listo y una mirada amenazante en su rostro. Ahora era el tiempo de pagarle; había cumplido su deber. Esperó pacientemente sobre el tope del vehículo mientras yo buscaba en mi bolsillo algunos birr, la moneda etíope.

En la ciudad capital era suficiente darle un birr a un niño que cuidara el vehículo de uno estacionado en la calle por una o dos horas. Lo que pensé fue que, siendo que estábamos acá en la selva, un birr sería mucha paga.

Le entregué el birr al guardia Mursi, pero con desprecio en su rostro rehusó el dinero. Se quedó sentado de manera desafiante. ¿Qué podía yo hacer? Ocupó el rifle. Duplique la oferta, pero otra vez movió su cabeza de izquierda a derecha y viceversa. Así que, pensando con gran confianza que con cinco birr se ajustaría la cuenta, se los entregué con una sonrisa en mi cara. ¡No podía creerlo! No tomó los cinco birr. Ahora sí que comencé a cansarme de este jueguito. Le extendí diez birr, pero movió su cabeza obstinadamente y desafiantemente y rehusó tomar mi generoso pago.

En ese momento, frustrado le dije a Getahun que bajase al hombre del techo de mi carro. Me rehusé a que se pasara de listo conmigo, aunque tuviese un arma automática en sus manos. De alguna forma el hombre entendió mi descontento y el que rehusara pagarle más. Salto del techo del Land Cruiser y corrió hacia el sendero por donde regresaríamos. Lo vi desaparecer en la maleza junto a un lado del camino. Su AK-47 todavía estaba con él, por supuesto. Me percaté que ese sería el único camino para salir del área y que el guerrero enojado estaría al acecho esperando. Shakespeare escribió: "La discreción es la mejor parte del valor". O pagaba más o me arriesgaba a que al salir del lugar un arma automática acribillara mi vehículo.

Getahun no parecía contento cuando le pedí que fuera a buscar al hombre, pero entendía nuestro dilema quizá mejor que yo. Regresó al poco rato con el no tan amigable guardia Mursi. Busqué en mi bolsillo y le di cien birr. Una gran sonrisa salió de su rostro y todo fue perdonado. El equivalente del valor de 100 birr en dinero estadounidense sería como 14 dólares. Aunque eso no representaba un problema presupuestario para mí, era fácilmente el salario de una semana para un obrero etíope en la ciudad, y mucho más para un habitante del bosque.

Ya era hora de regresar a Addis Abeba. Llenamos el tanque de gasolina con la gasolina que teníamos en recipientes en el portaequipaje del vehículo. El combustible no se encuentra en lugares tan remotos, por lo tanto, nunca viajamos sin asegurarnos de tener suficiente gasolina para ir y regresar en donde la venden. Para ese tiempo la gasolina estaba siendo racionada por la guerra entre Etiopía y Eritrea. Así que, para distancias tan remotas en Etiopía (como la de este viaje) llevábamos combustible adicional suficiente para que nos llevara de regreso a donde estaría otra vez disponible.

Luego de llenar de nuevo el tanque de gasolina, comenzamos el largo viaje de regreso. Tardaría tres días volver a mi cama si manejábamos durante todo el día, cada día. Esto significaría que debíamos evitar inundaciones, llantas desinfladas y averías mecánicas en el viaje de regreso para llegar según lo programado. Así es la vida de viajes a través del área rural de Etiopía.

Por tres días nos fuimos zumbando en un vehículo que en muchas ocasiones me había llevado exitosamente en retadores viajes a través de mi patria adoptada. Hablamos menos de regreso a Addis que lo que hicimos de camino a los Mursi.

No sé el sentir de Getahun, pero yo no podía alejar mis pensamientos de los Mursi. Ellos entran en la categoría de las religiones tradicionales de África. Los pueblos tribales que pertenecen a esta categoría de religiones son muy difíciles de alcanzar porque son animistas. Siendo que el animismo no hace separación entre el mundo espiritual y el mundo físico, las plantas, los animales y hasta las rocas, los árboles y los ríos todos tienen alma. El animista ve a muchos dioses en la creación. Los Mursi, así como otros pueblos animistas, nada conocen de un Dios creador y viviente. Están perdidos y enfrentan una eternidad sin Cristo Jesús, a menos que se les lleve el evangelio.

Sobre los cientos de kilómetros en nuestro viaje de regreso, mis pensamientos fueron invadidos con la necesidad de hacer otro contacto con este pueblo. ¿Cómo llegar a ellos con el evangelio? Veía tantas barreras – idioma, cultura y la falta de una verdadera relación con ellos, lo cual era clave para poder abrir la puerta de sus mentes y corazones al evangelio. Las barreras parecían insuperables.

Así que oré, "Señor, abre la puerta de los corazones de este pueblo. Remueve las barreras. Danos la oportunidad de que hagamos el mensaje del evangelio claro para ellos. Necesitan a Jesucristo". Terminé mi oración al Señor con un esperanzado "Amén". Ya de regreso a Addis Abeba publiqué un boletín informativo a todos mis socios y patrocinadores pidiendo que me acompañasen en esta oración. Le supliqué a mi iglesia hogar que orasen a Dios que me diera una estrategia efectiva para alcanzar a los Mursi y que nos abriera las puertas para poder proclamarles a Cristo Jesús. Entonces deje todo en las manos de Dios.

ACTÚE

- ¿Cómo querrá Dios que usted comparta su fe con otros que son marcadamente diferentes a usted? ¿Cuán distinto sería cuando tenga que hacerlo con los que son de su misma mentalidad?

- A menudo tendremos que esforzarnos para compartir a Cristo Jesús con los perdidos. Quizá no tenga la necesidad de viajar por días para establecer contacto con una persona perdida. Es posible que ni tenga diferencias culturales con las que trate de alcanzar. Sin embargo, algunas personas son rápidas en rechazar al que se le acerca para compartirle su fe. ¿Cómo podremos desarrollar relaciones significativas con esas personas de modo que podamos compartirles a Cristo?

- A menudo es de ayuda tener a otra persona con usted cuando le va a hablar a otros del evangelio. ¿Qué impacto cree que habría para alcanzar a alguien si la persona que lo acompaña estuviera orando por la persona a la que usted le va a testificar? ¿Le ayudaría el que tuviera que rendirle cuentas a su acompañante por el compromiso suyo de testificarles a otros?

- ¿Cuándo fue la última vez que usted sintió que el Señor puso una carga en su corazón por una persona en particular? Si hace ya bastante tiempo, ¿qué acción debe tomar para comenzar de nuevo ese viaje?

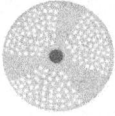

CAPÍTULO 3

Entre Bastidores – Finales de 1999 / Principios de 2000

¡Dios comenzó a obrar! No me daba cuenta en ese momento. De hecho, no tenía idea de que Dios estuviera contagiando con mi carta noticiosa el corazón de un empresario en Roanoke, Virginia, con una pasión por los Mursi.

Mi primer contacto con Glen y David Argabright fue a finales de 1999, el mismo año que conocí a los Mursi. Los hermanos Argabright son contratistas de construcción quienes convierten gran pate de los ingresos de su negocio en oportunidades para alcanzar a los perdidos de nuestro mundo. En ese tiempo habían estado involucrados con los equipos de Trabajo y Testimonio en varias áreas del mundo por cerca de 20 años. Sin embargo, habían acordado entrar en un nuevo ministerio el mismo año en que conocí a los Mursi. Comenzaron a utilizar las ganancias de su negocio para patrocinar equipos de Socios en Cosecha de la Película JESÚS. Ya para mediados de 1999, estaban patrocinando equipos de la Película JESÚS en las Filipinas y Ecuador. Glen y David formaban un equipo: Glen se enfocaba en el ministerio de la Película JESÚS, y David le seguía con los equipos de Trabajo y Testimonio que construían lugares de adoración para las nuevas iglesias que surgían de la presentación de la Película JESÚS.

Cuando Glen y David vieron a miles de convertidos viniendo a Cristo por medio de la Película JESÚS y Trabajo y Testimonio, empezaron a ver cómo Dios podía usar su negocio y sus vidas para impactar de una manera significativa el Reino de Dios. Glen expresó: "Dios de veras me ha dado pasión por este ministerio; no tardamos en querer patrocinar, orar y participar con más equipos". Para noviembre de 1999, habían comenzado a patrocinar equipos en la selva amazónica del Perú. Así que ahora patrocinaban varios equipos en tres países distintos. Glen añadió: "Teníamos suficiente, pero queríamos más". Dios había encendido un fuego en los corazones de estos dos hermanos para alcanzar a los perdidos.

A finales de 1999, el Departamento de Misión Global de la Iglesia del Nazareno puso a los Argabright a la voz conmigo en el Cuerno de África. Ya para enero de 2000 patrocinaban la primera Película JESÚS en nuestra área, ministrando en la región de Gambella en Etiopía. El pueblo Nuer, descendientes de los sudaneses, respondieron en gran número cada vez que se presentó la Película JESÚS.[5] En cada presentación contamos a la multitud por miles. Cada noche, cientos respondían al llamado a orar y dar sus corazones a Jesucristo.

Glen y David metieron las manos más adentro en el bolsillo de su negocio y patrocinaron equipos adicionales en el Cuerno. Su patrocinio logró llevar a más de 10 equipos a distintas áreas en todo el Cuerno. Los Argabright eran unos apasionados en el apoyo de este ministerio al punto de que su apoyo fue más allá del aporte financiero. Se convirtieron en guerreros de oración en favor del Cuerno, y además visitaban a los equipos. Enviaron numerosos grupos de

Trabajo y Testimonio para construir centros de entrenamiento en los distritos y también proveyeron fondos para terminar estas facilidades de entrenamiento, ayudándonos así a equipar a nuevos creyentes y pastores.

Los Argabright mantenían meticulosamente los expedientes. Desde enero de 2000 a julio de 2007, sus expedientes indicaban que 6,854,257 personas en el Cuerno de África habían visto la Película JESÚS, y de ellos 2,032,015 habían hecho profesión de fe en Cristo. En todo el Cuerno ocurrió un crecimiento espiritual muy significativo gracias a tan valiosa herramienta evangelística.

Al segundo equipo de la Película JESÚS que Glen patrocinó en el Cuerno le correspondió trabajar en el área de Omo del Sur en Etiopía. El equipo fue activado en noviembre de 2000. Los Mursi era solo uno de los muchos pueblos no alcanzados en esa región. Cuando le sugerí a Glen que asignara un equipo a Omo del Sur, no había pensado en los Mursi. De hecho, no estaba seguro de cuán efectiva seria la película para un pueblo que no tenía concepción alguna de un solo Dios soberano y creador. Más bien estaba considerando a los pueblos que vivían alrededor de Jinka, la ciudad principal de esa zona tan remota, para que recibieran el evangelio. Poco sabía de lo que Dios estaba tramando cuando sugerí a Omo del Sur como el área estratégica para el próximo equipo de la Película JESÚS.

Y poco sabía que Dios estaba recurriendo a Glen para alcanzar a un pueblo perdido con una cultura extraña (para él) y en un idioma que nadie en nuestra iglesia podía hablar.

Para aquel entonces John Cunningham era el coordinador de estrategias para la región este de África y sucedió que había leído la carta noticiosa que yo había publicado el año anterior.[6] Luego de leer mi clamor a todos los que nos sostenían y apoyaban para que orasen por una nueva estrategia para alcanzar a los Mursi, John le envió a Glen un correo electrónico. John le escribió que estaba orando que Dios pusiera en nuestros corazones un deseo ardiente de que nos involucrásemos en el esfuerzo de llevar a "Jesús" a un pueblo remoto del valle de Omo del Sur en Etiopía que se llamada la tribu Mursi.

Cuando el secretario de Glen recibió el correo electrónico, hizo una copia y en el momento que Glen salía para su hora de almuerzo se la puso en sus manos. Mientras Glen leía la carta se conmovió al punto de que fue directo a la biblioteca en vez de irse a almorzar. Le pidió al bibliotecario auxiliar que le consiguiera cualquier información concerniente a los Mursi, iniciando así una búsqueda que sobrecogería su corazón de una manera inexplicable. El bibliotecario encontró un libro con algunas fotos de la gente Mursi. Mientras observaba sus rostros, fue sobrecogido con la necesidad de alcanzarles. Glen me escribió más tarde diciendo: "Ocasioné tremenda escena ese día en la biblioteca del condado de Roanoke porque mis emociones me sobrecogieron al anticipar a esa gente (con platos de barro en sus labios e increíbles costumbres y creencias) inclinándose ante el Señor Jesús".

Ese día, Glen comenzó a orar por los Mursi. Oraba por ellos cada día y año tras año, creyendo que la carga que Dios había puesto en su corazón resultaría en una cosecha milagrosa de almas.

Mientras continuaba recolectando información en mis viajes a Omo del Sur, iba actualizando con cartas noticiosas y fotos de la gente de esa área a los que nos sostenían y apoyaban en nuestra misión en el Cuerno de África. Desconocía lo que estaba pasando en el corazón de Glen y su carga por alcanzar a estas personas. Más tarde él me diría que esa pasión por los Mursi se acrecentaba cada vez que le enviaba fotos de los pueblos de Omo de Sur. Muy poco sabía yo de que Dios estaba trabajando en la vida de un hombre de negocios de Roanoke, Virginia, para ayudarnos a alcanzar a los perdidos de un lugar remoto del sudoeste de Etiopía.

ACTÚE

- ¿Cuán importante cree usted que fue que Glen (que vivía en Virginia, EUA) llevara una carga por el pueblo Mursi (que vivía en Etiopía) y que orara por la salvación de ellos? ¿Cuán importante es para usted orar por personas cerca o lejos de usted, y cuán dispuesto estaría usted en permitir que Dios le use en un ministerio de oración?

- Glen y David Argabright hicieron grandes sacrificios para alcanzar a personas para Cristo, ¿cuáles sacrificios estaría usted dispuesto a hacer que resulten en la salvación de otros?

- ¿Cómo usa usted los recursos de tiempo, talentos y financieros? ¿Harán una diferencia en cómo otros pasarán la eternidad? Su participación en el Fondo de Evangelización Mundial le permitirá alcanzar a otros que necesitan al Salvador, y el genio cooperativo del Fondo nos ayuda a que todos unidos, trabajando juntos, hagamos mucho más por las almas que cada uno haciéndolo por su cuenta.

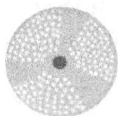

CAPÍTULO 4

Las Primeras Etapas del Movimiento de Dios – 2002

En el plazo de dos años comenzaron a salir a la superficie las señales de lo que Dios comenzaba a hacer en el Cuerno de África. Miles creían en Jesucristo como su Salvador. Se establecían cientos de iglesias. Los equipos de la Película JESÚS se adentraban en las ciudades, los pueblos, las aldeas y en las áreas tribales aparentemente interminables muy adentro en la selva virgen. Muchos grupos de personas oían el evangelio por primera vez a través de la Película JESÚS.

El equipo de la Película JESÚS viajaba a aldeas remotas mostrando la película por varias noches consecutivas. Al final de cada presentación, los miembros del equipo presentaban el evangelio y hacían un llamado a los que quisieran hacer el compromiso de seguir a Jesucristo. Muchos oraban para recibir a Cristo como su Salvador. Nazarenos de aldeas cercanas, entrenados por el equipo y otros líderes distritales, después de la proyección de la película en una aldea iban a esa misma aldea por varios días para el evangelismo personal. Muchos, muchos más buscaban a Cristo en respuesta a las visitas que sus vecinos hacían en sus hogares, bebiendo café juntos y, lo más importante, compartiendo a Jesús con ellos.

Para el año 2002, la multiplicación de creyentes, así como de iglesias, en el Cuerno de África llamó la atención de los líderes de la denominación. Decidieron reorganizar la región de África, separando el Cuerno de la región este de África, y convirtiéndolo como área propia. Fui nombrado como coordinador de estrategias para esa nueva área.

Ya para el 2004, la multiplicación de nuevos creyentes y de iglesias había aumentado explosivamente. Los nazarenos del Cuerno de África estaban viviendo la clase de avivamiento que sacudió el mundo del primer siglo. El libro de Hechos se hizo una experiencia actual para la Iglesia del Nazareno en el Cuerno. Los nazarenos daban prioridad a la misión de Cristo sobre sus agendas personales. Hechiceros se convertían a Cristo. Miles de personas de otras creencias se tornaban a Cristo, y lugares de adoración que pertenecía a las otras creencias se convertían en iglesias del Nazareno.

A medida miles venían a Cristo anualmente, nos encontramos con desafíos de enormes proporciones, tales como equipar a líderes laicos, a los pastores y superintendentes de distrito. Una estrategia de enseñar y re-enseñar fue desarrollada al ofrecer entrenamiento formal a nivel de área, de distrito y de centros zonales.[7] De modo que se pudiera proveer lugares adecuados para estos entrenamientos, comenzamos construyendo centros de entrenamiento para todo el Cuerno. David Argabright intervino proveyendo y coordinando grupos de Trabajo y Testimonio para el área. También trajo a algunos de sus equipos que habían construido edificios en otros países. A la hora de construir facilidades para entrenamiento, David era el alma de la acción para que todo esto se realizara. Como consecuencia, David visitaba frecuentemente el Cuerno supervisando la construcción de los edificios. Glen de vez en cuando bromeaba conmigo preguntándome cuándo iba a enviar a su hermano a casa para que atendiera las responsabilidades del negocio. Ciertamente Glen y David han hecho una importante contribución a la misión de alcanzar a los perdidos del Cuerno de África. Muchos pueblos nativos habían sido alcanzados, aunque los Mursi seguían perdidos en sus pecados, sin esperanza eterna. Así que yo seguía orando para que se abriera una puerta para alcanzarlos, aunque sin saber que Glen seguía llevando una pesada carga por los Mursi, un pueblo con lenguaje único y la costumbre inusual en las mujeres de la tribu de ponerse un plato en los labios.

Actúe

- El movimiento de Dios en el Cuerno de África requirió mucho de muchas personas. ¿Qué cree que se le requeriría a usted para que también tenga una experiencia similar en su comunidad y nación?

- Mucho de lo que pasó en el Cuerno fue porque los nazarenos le dieron la prioridad a la misión de Cristo en vez de a sus agendas personales. ¿Qué deberá usted hacer para que Cristo y su Reino sea lo primero en su vida?

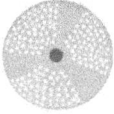

CAPÍTULO 5

Desastre en Hilao – Noviembre de 2004

En noviembre de 2004, David estaba en una de sus muchas visitas a Etiopía supervisando la construcción de los centros de entrenamiento en todo el país. Uno de los proyectos era en Arba Minch en el valle de Omo del Norte. Estábamos supervisando cómo le iba a Elías, un constructor de edificios etíope, y revisando las necesidades para equipos futuros de Trabajo y Testimonio. De ahí, planificamos una visita a Jinka, donde se construiría un centro de capacitación para esa zona. Una visita a Jinka nos pondría como a solo medio día de viaje del pueblo Mursi. No había hecho otro viaje a los Mursi, aunque continuaba orando fervientemente por ellos, y mi corazón anhelaba una segunda visita.

Así que, nos propusimos llegar hasta allá. Deseábamos conocerles mejor y tal vez encontrar la llave que abriera la puerta para llevarles a Cristo. Invité a algunos líderes nazarenos para que viajaran con nosotros: Friday Ganda, un misionero keniano responsable de la obra en el sur de Etiopía en ese tiempo, Terry Barker, coordinador de educación del área, y Gelaye Ganta, el superintendente del Distrito de Omo. Estas personas, con David y conmigo, nos bamboleábamos en el vehículo mientras viajábamos por lechos de ríos secos y un candente desierto entre Arba Minch y Jinka. En Jinka, nos encontramos con Adamo Adelo, el líder de zona del área de Omo del Sur. Adamo se unió a nuestro equipo en ese punto del viaje. El plan era visitar a los Mursi en la aldea permanente de Hilao, más adentro en el territorio silvestre del Parque Nacional Mago.

Después de pasar la noche en Jinka, y mientras viajábamos a través del parque, nos encontrábamos con muchos pueblos nativos a lo largo del camino. Además de las habilidades de David como constructor, era un fotógrafo profesional autodidacta. Le decía a menudo que él debería trabajar para la National Geographic. Tenía la tendencia de tomar foto de todo; el clic de su cámara se oía continuamente. Noté, sin embargo, que tanto él como su cámara quedaron en silencio mientras pasábamos frente a un grupo de hombres con nada puesto encima, sino tan solo pintados de pies a cabeza. David acababa de recibir un curso introductorio en diversidad cultural.

Finalmente llegamos a Hilao. Las mujeres se dispersaron para prepararse para recibir a los visitantes, y para insertar las placas en los labios y tomar a los bebés en los brazos. Los hombres continuaron jugando Huroy[8] muy entusiasmados, moviendo sus piezas de agujero en agujero. A medida se movían en el tablero con sus piezas avanzando hacia la cabeza y capturando las piezas del oponente en el trayecto, se reían y se burlaban de manera cordial de sus competidores.

En el pasado gente blanca habían visitado la aldea, siendo que las mujeres con platos en los labios atraían visitantes de todo el mundo. Los turistas visitan Etiopía para experimentar la rica diversidad de culturas y visitar sitios históricos, por lo que era obvio que nuestro arribo se consideró como otro grupo de turistas que buscaban fotos para llevar a sus hogares para divertir a familiares y amigos. No fue hasta que los hombres terminaron con el juego, que se unieron a las mujeres mientras escudriñaban nuestras caras.

Por un precio usted podía tomar fotos de estas personas tan notables. Dejarse tomar fotos se había convertido en una fuente de ingreso (gracias a los turistas que corrompían sus tradiciones culturales). Pagué algunos birr por tomar la foto de una mujer Mursi con su bebé. Si una mujer sostiene a un bebé en sus brazos usualmente el costo es doble.

Las casas de los Mursi se construyen sencillamente usando materiales disponibles como varas, barro, estiércol de vaca y hierba seca. Muchas de las mujeres Mursi, además de cargar un bebé en sus hombros, cargan también un rifle AK-47 automático en el otro. Es raro ver un hombre si un arma.

David, por ser un ávido fotógrafo, se sentía en la gloria captando en forma digital a esta gente remota en todas sus increíbles maneras. Le dio a Friday un paquete de birr, convenciéndolo de que sirviera como negociador de precios y pagos por la toma de fotos. Friday aceptó a regañadientes la responsabilidad, y David empezó a mover su cámara de lado a lado, retratando no solo a personas en pose, sino tantas fotos espontáneas como fuera posible.

Uno de los secretos de la toma de fotos de David era usar la función de ráfaga de su cámara. Esto aseguraba tomar fotos de las personas en una multitud de posturas espontáneas. Friday había negociado con una mujer que tenía en un brazo a un bebé y un AK-47 en el hombro del otro. David tomó la foto usando la función de ráfaga de la cámara. Entonces, Friday se acercó para hacer el pago del acordado precio. Mientras extendía su mano hacia la mujer con la cantidad prometida, ella desafiante rechazó el pago moviendo su cabeza hacia adelante y hacia atrás, haciendo claro que el pago era inaceptable. Ella señalo al bebé; estaba claro que había duplicado el precio, pues David había retratado a dos, y no a uno. Friday no tenía opción sino pagar el aumento que se le demandaba. Friday duplicó el pago, pero ella otra vez movió la cabeza de lado a lado, rechazando de nuevo el pago. Miró directamente a los ojos de Friday y con su lengua disparando rápidamente contra los dientes, imitó el sonido inconfundible de tet-tet-tet-tet-tet. Había notado claramente la ráfaga de la cámara de David tomando multitud de fotos. Había contado las veces que la cámara había captado su foto y exigía el precio completo por cada foto tomada en la ráfaga multiplicado por dos – no se olvide del bebé.

El efectivo de Friday se estaba agotando. Afortunadamente habían traído un suplido abundante de cuchillas de afeitar de doble filo. Las mujeres codician estas cuchillas, siendo que no las pueden conseguir donde viven. Necesitan las cuchillas para afeitar sus cabezas calvas, como es la costumbre. Friday fue pasando las cuchillas. Las mujeres estaban entusiasmadas y empezaron a rodear a Friday extendiendo las manos abiertas y suplicando por esta preciosa mercancía.

Desafortunadamente, Friday no podía detener el dedo de David que continuaba disparando su cámara. La disparaba más rápido de lo que Friday podía negociar los precios y pagos. Había terminado sin efectivo y las rasuradoras se le habían agotado. David estaba ajeno a lo que sucedía en su búsqueda de la foto perfecta. Friday había comenzado a retroceder cuando la multitud de mujeres empezó a empujar hacia adelante.

Estuve parado mirando la situación por un momento y noté que el comportamiento de la gente había cambiado. Se veían frustrados porque sus demandas no se satisfacían. La algarabía dejo de ser amistosa. Sentí que una tragedia podría ocurrir en cualquier momento y sabía que teníamos que irnos rápidamente del lugar.

Grité, "¡Suban al camión!" "¡Suban al camión ahora!" Parecía que todos se habían congelado en su lugar, excepto David que seguía disparando su cámara mientras Friday retrocedía rápidamente. Las cosas estaban fuera de control, y había que moverse rápido. Seguí dando órdenes al equipo de que se subieran al camión, pero Friday no se podía liberar de la multitud de mujeres frenéticas.

Comprendí en ese momento que tenía que ponerme al volante y poner el vehículo en marcha. Ello de seguro motivaría al equipo a correr al vehículo. Salté al volante y noté que Terry ya estaba en el asiento trasero; su rostro reflejaba que entendía lo que estaba a punto de suceder.

Aceleré el motor para avisarle a Friday que nos íbamos mientras él continuaba alejándose de aquellas mujeres ahora muy agresivas. Todos estábamos en el camión excepto Friday. Yo nunca dejaría solo a Friday en esa aldea. Sin embargo, tenía que aparentar que su única oportunidad de correr al camión era ahora o se encontraría enfrentando solo la turba enfurecida. Empecé a alejarme de Friday mirando cuidadosamente en mi espejo retrovisor. ¡Funcionó!

Friday se dio vuelta y corrió tras el camión gritando una y otra vez, "¡Howie, no me dejes! ¡Me van a matar!" Friday dejó atrás a sus perseguidores y de un brinco cayó en el asiento de la Toyota que ya estaba en movimiento. ¡Caracoles! ¡Habíamos esquivado una bala y escapado momentos antes de una tragedia inminente!

Ahora estábamos seguros y de camino a casa. Llegaríamos a Addis Abeba en tres días. La risa eventualmente fue reemplazada con un suspiro de alivio. Habíamos escapado de una situación seria, pero nuestro nerviosismo se alivió por la forma cómica en que contábamos la historia que habíamos vivido. Una charla alegre llenó el vehículo, pero luego hubo silencio.

No sabía lo que los demás estaban pensando, pero yo me sentía profundamente desanimado y triste por una oportunidad perdida. Me sentía avergonzado de que nuestro intento de encontrar una puerta abierta para con los Mursi se había malgastado. ¿Qué habíamos hecho? En vez de desarrollar una relación con el pueblo nos habíamos convertido en hedor en sus narices.

Mi esperanza de alcanzar a este pueblo disminuyó, pero la carga por ellos se apoderó obstinadamente de mi corazón. Desafié a Gelaye a que desarrollara una estrategia para evangelizar a estas 18,000 personas que para todo propósito práctico seguían siendo un pueblo no alcanzado. Yo continuaría orando y animando a nuestros socios y a los demás que nos apoyaban a que oraran que Dios pudiera entrar de alguna manera a los corazones del pueblo Mursi.

Después de David regresar a Roanoke se reunió con Glen para cenar juntos e informarle de su más reciente visita a Etiopía. Hablaron del progreso en la construcción de los centros de entrenamiento, que fue el propósito principal del viaje. Luego David procedió a hablarle de su viaje a los Mursi, y Glen quedó prendado con la narración de David.

Glen me mandó un correo electrónico, diciéndome: "Cuando David me mostró las fotos de los Mursi, quedé totalmente sobrecogido de emoción y anticipación de que este pueblo pronto fuera introducido a Jesucristo. Y lloré abiertamente y oré para que el Señor lo permita pronto".

Actúe

- Usted probablemente haya experimentado una experiencia como la que tuve en Hilao, que tratando de hacer lo correcto para Dios terminé estropeándolo todo. ¿Cómo se sintió después, y qué hizo como resultado? ¿Fue esa la respuesta apropiada?

- ¿Cuán importante es la carga que Dios ha puesto en su corazón cuando la esperanza es frustrada por el fracaso? ¿Cómo es que conocer la voluntad de Dios en su vida le ayuda a pasar por los momentos de desaliento?

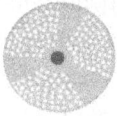

CAPÍTULO 6

Un Largo Camino a los Mursi – Abril / Mayo de 2005

Cinco meses después, Glen visitó Etiopía. Lo invité a que viniera a Etiopía por dos semanas para recorrer con él las áreas donde estaban trabajando muchos de los equipos de la Película JESÚS que él patrocinaba. Anteriormente, Glen había viajado dos veces a Etiopía anticipando visitar el área de Omo del Sur para ver si tenía la oportunidad de conocer a la gente que Dios había puesto tan intensamente en su corazón. En cada una de las visitas anteriores salió de Etiopía decepcionado de que la visita a los Mursi se cancelará debido a los estragos causados por los ríos inundados durante ese tiempo.

Glen había estado orando por cinco años por esa oportunidad, y por la salvación de los miles de personas Mursi. Lo que se había planificado esta vez nos llevaría a través de muchos kilómetros, visitando una multitud de grupos nativos, aunque lo más importante en su mente eran los Mursi.

Incluso hasta ese momento, todavía no me había compartido lo de su interés en los Mursi. Al comenzar el viaje yo no tenía idea de que su corazón estaba enfocado en el día diez de nuestra agenda. En ese día se había programado viajar a Hilao, el mismo pueblo donde hacía cinco meses apenas nos habíamos escapado de un desastre. No me malinterpreten; Glen estaba interesado en cada tribu, en cada persona. Ansiaba que todos viniesen al Señor Jesús, pero eran los Mursi los que habían estado ocupando gran parte de sus pensamientos y oraciones durante cinco años. Glen todavía creía que en algún momento los Mursi vendrían a conocer a Cristo como Señor y Salvador. Por mi parte, no tenía idea de que Dios se hubiese movido en el corazón de Glen de esa manera.

Por dos largas semanas, recorrimos caminos polvorientos y carreteras maltrechas. Visitamos algunas de las áreas más remotas del mundo. En otras ocasiones nos encontramos con antiguas ciudades históricas, repletas de lugares religiosos de trasfondo cristiano en algunas ocasiones, musulmán en otras, y en otras de diversas religiones tradicionales africanas. Pero cada noche mostrábamos la Película JESÚS en diferentes idiomas a gente de diversas culturas.

Glen me proveyó los siguientes recuerdos del viaje de dos semanas:

¡Vaya, que viaje agotador, pero a la vez gratificante, con todo y las muchas llantas desinfladas! Viajamos larga y pesadamente a través de Etiopía, aunque parecía que en cada parada nos aguardaba un milagro propio del Señor. Vimos a muchas personas viniendo al Señor – ¡decenas de miles! Nos reunimos con iglesias "clandestinas". Se entrenaron personas para el manejo de la Película JESÚS y el discipulado. Se mostró la película a grupos pequeños como uno de 138 personas y tan grandes como los que pasaban de diez mil.

Estando en la ciudad, recuerdo a Yohannes (el líder de la Película JESÚS) mostrando (a media noche) la película en su propio reproductor de DVD a un grupo de trabajadores en el hotel donde nos alojamos. Recuerdo cuando en Bahir Dar nos tiraban piedras durante una proyección de la película. Recuerdo cuando se les proyectó la película a más de 10,000 personas en un campo de fútbol, en Chano Mille. Que muchas peleas se tuvieron que controlar esa noche mientras ensamblábamos el equipo para poder presentar la película, pero una vez la película comenzó, ¡todo era acerca del Señor Jesús!

En el viaje al sur, recuerdo los muchos ríos y charcos por los que condujiste el camión. He repetido muchas veces las palabras que decías antes de pasar por esos sitios… "Señor, nos encomendamos a ti".

En un punto del viaje, se reordenó un poquito el programa, dirigiéndonos al norte al campamento de refugiados de Eritrea. (¿Recuerdas todos aquellos tanques de guerra quemados?) Me parece que conducimos unas 12 horas desde donde habíamos venido a donde habíamos llegado para presentar la película esa noche, teniendo que salir inmediatamente luego de la proyección debido a la amenaza de guerra. Cuando estallara la guerra, estos refugiados serían considerados espías (qué triste). Allí se dejamos a un evangelista de la iglesia clandestina llamado Kifloom.

¡Vaya, qué viaje! Dios nos ayudó y su tiempo fue el correcto. Llamamos nuestro viaje "de Ciudad del Cabo hasta el Cairo". Se sentía como que, de hecho, habíamos cruzado todo el continente en esas dos semanas. Sin embargo, todavía nos faltaba el viaje a donde vivían los Mursi, aunque habíamos llegado hasta Jinka, a escasamente medio día de viaje de Hilao.

La noche antes habíamos presentado la Película JESÚS en Chano Mille, a medio día al este de nuestra presente ubicación. Miles de personas del pueblo Gamo se reunieron para ver la proyección en su propia lengua materna. Una multitud, al ser invitados a creer en el Señor Jesús, pasaron al frente esa noche. Tenemos una Iglesia del Nazareno fuerte en esa aldea, así que, también teníamos nazarenos entrenados para dar seguimiento a estos nuevos creyentes.

La mañana siguiente nos encontrábamos sentados en una tienda en Jinka, disfrutando una taza de buna, que en el amárico etíope [9] es la palabra para "café". (Por cierto, creo que el café de Etiopía es el mejor café del mundo, especialmente cuando es preparado a la manera etíope.) Mientras estábamos sentados saboreando la buna y recordando la gran cosecha de la noche anterior, finalmente ocurrió. Glen comenzó a contar la historia sobre la investigación que hizo de los Mursi en la biblioteca pública de Roanoke, Virginia, hacía ya cinco años, y cómo había orado por ellos cada día desde entonces. Las lágrimas corrían por sus mejillas mientras compartía lo que estaba en su corazón en cuanto a alcanzar la gente Mursi para Cristo.

Actúe

- ¿Cuál cree usted que fue mí reacción cuando escuche a Glen decirnos que hacía años que oraba por los Mursi en respuesta a la carga que Dios le había dado por estas personas? ¿Cuán importante es para usted tener un socio en el ministerio que le aliente en esos tiempos difíciles?

- Por un sin fin de razones, Glen y yo tuvimos que esperar para poder llegar de manera efectiva al pueblo Mursi. ¿Cómo espera usted pacientemente en Dios para cumplir con su visión ministerial? ¿Qué acciones toma de modo que cumpla con la voluntad de Dios sin darse por vencido ante las dificultades y penurias?

- ¿Ha estado usted orando por mucho tiempo por un amigo o por un miembro de su familia que esté perdido? No se rinda. La respuesta puede estar a la vuelta de la esquina.

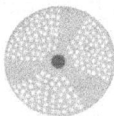

CAPÍTULO 7

La Puerta Abierta – 1 de mayo de 2005

Mientras escuchaba a Glen compartir su pasión espiritual por los Mursi, no dejaba de estar consciente de que tendríamos que dirigirnos al suroeste por otro día y medio más rumbo al interior de la selva. Al mismo tiempo, reconocía que no teníamos una buena relación con los Mursi. De hecho, todavía podía ser que quedara un mal sabor en sus bocas debido a nuestra visita anterior hacía cinco meses.

Teníamos con nosotros la Película JESÚS, pero, ¿cómo incluso conseguir una oportunidad para mostrársela? Y si la oportunidad llegaba, ¿cómo entenderían las buenas nuevas de Jesucristo cuando vivían ajenos completamente del Único Dios, su Creador? ¿Cómo entenderían que Dios envió a su Hijo para morir por ellos, cuando ni siquiera conocían al Padre? También estaba la barrera del idioma, puesto que nadie de nuestra gente hablaba el lenguaje Mursi. ¿Cómo nos comunicaríamos? La Película JESÚS aún no había sido traducida al lenguaje Mursi. Estos fueron algunos de los obstáculos que consideramos ante la posibilidad de compartir a Cristo con los Mursi esa misma noche.

Mirando a los que estaban en la mesa le pregunté a Gelaye si él había desarrollado alguna estrategia para alcanzar a los Mursi. En la respuesta de Gelaye surgió un brillo de esperanza.

Un joven llamado Zenabu había venido de Hilao a Jinka para asistir a la escuela. En el momento en que ocurría nuestra conversación, Zenabu ya habría alcanzado el equivalente de quinto grado de escuela primaria. Ello hacía que Zenabu fuese el más educado en la tribu Mursi (hasta donde sabíamos). Siendo que Zenabu había obtenido tan "alta" educación, había sido designado como el jefe de seguridad (jefe de la milicia) para toda la tribu. Todavía mejor, Zenabu ya había aceptado a Cristo. Más tarde me preguntaba si este Zenabu era aquel joven que había sido conducido a Cristo por los misioneros de la Sociedad de Misioneros Internacionales.

Yo estaba seguro de que nuestra desastrosa visita a Hilao no había dado lugar a nada que nos ayudase a alcanzar esta tribu. No me daba cuenta, sin embargo, que sí había un hombre Mursi quién había puesto especial atención en nosotros mientras hacíamos de tontos en su aldea. Sí, aquel hombre era Zenabu.

Más tarde, Zenabu fue donde Adamo, el líder de zona del área, a preguntarle quiénes eran esos hombres blancos que le habían acompañado a Hilao. Adamo le explicó que éramos misioneros de la Iglesia del Nazareno. Zenabu le compartió que había recibido a Cristo, pero que se había apartado y ya no caminaba con el Señor. Adamo y Zenabu se hicieron amigos muy cercanos y Zenabu se reconcilió con el Señor, se interesó en la doctrina de santidad y se unió a la iglesia.

Mientras Gelaye nos contaba la historia de Zenabu, pensé "¡Vaya! El plan se está complementando". Yo estaba seguro de que Gelaye iba a decirnos que Zenabu era el centro de su estrategia, ofreciendo una puerta abierta para alcanzar a este pueblo no alcanzado. Y que sería la llave para tener acceso a este pueblo.

Pero Gelaye nos frustró cuando nos anunció que Zenabu no estaba en Jinka ese día. Había viajado a otra región de Etiopía y se había ido por un tiempo. Gelaye nos confirmó lo que me imaginaba, que necesitaríamos a Zenabu si era que iba a haber alguna oportunidad de que visitáramos a los Mursi y pudiéramos presentar la Película JESÚS.

Sentados allí, con la decepción de que una vez más la oportunidad se nos escapaba, de repente Gelaye dio un salto y gritó, "¡Ahí está!" No fue únicamente que el Señor permitiese que Zenabu pasase por allí justo en el momento en que le necesitábamos. Acababa también de regresar a Jinka y estaba disponible para una ocasión como esta.

No tardamos en ponernos en camino, entusiasmados con la posibilidad de compartir al Señor Jesús con los Mursi. Después de horas de viaje por la selva, llegamos a nuestro destino. Teníamos un traductor, porque Zenabu podía comunicarse con nosotros en amárico y con su pueblo en Mursi. Una vez más, el Espíritu Santo rompía las barreras del idioma – esta vez con la interpretación de un lenguaje por medio de un traductor lleno del Espíritu.

Los de la aldea nos saludaron amistosamente debido a nuestra asociación con Zenabu. Parecía que el que fuese amigo de Zenabu era amigo de ellos también. Inmediatamente Zenabu se disculpó de nosotros, dejándonos solos con los de la aldea. Una vez más fuimos forzados a comunicarnos con gestos y expresiones faciales. Mirándoles a los ojos nos preguntábamos cómo responderían a la Película JESÚS esa noche. ¿En que resultaría esta oportunidad que finalmente nos había llegado?

Nuestras esperanzas se habían elevado. Zenabu nos dejó para poder hablar con el jefe de la aldea. Tenía que darle al jefe razón de nuestra presencia, y obtener aprobación de nuestro plan. Cuando regresó nos explicó la estrategia que usó.

Los Mursi eran un pueblo casi totalmente aislado del mundo exterior. No sabían nada en cuanto a los inventos modernos de nuestro día. De hecho, apenas recientemente habían oído de un "nuevo invento": la televisión. No entendían totalmente de qué se trataba esa nueva tecnología – no había nada en su cultura con qué compararla. Era un misterio para ellos.

Zenabu usó esa razón como la llave que abriría la puerta para mostrar la película. Le dijo al jefe que habíamos traído con nosotros una "televisión" y que queríamos mostrar a toda la aldea cómo funcionaba. Además, le explicó que se aprendería mucho del Dios que los creó a ellos. Le dijo al jefe que a la caída del sol el debería reunir a toda la aldea, y que verían por sí mismos, en aquel mismo día, una "televisión".

ACTÚE

- Si usted estuviera buscando una puerta abierta para compartir al Señor Jesús con un ser querido, ¿cómo oraría a Dios para que le provea esa oportunidad? Si está buscando la estrategia correcta para alcanzar a alguien a quien testificarle es un reto, ¿cómo debe orar?

- Es interesante que la puerta que se nos abrió para el pueblo Mursi fue por medio de un hombre Mursi llamado Zenabu; y es aún más sorprendente de que el contacto con Zenabu vino a través de la desastrosa reunión con los Mursi en nuestra segunda visita. Pensábamos que nada se había logrado en esa visita. De hecho, pensábamos que nuestra relación con los Mursi se había empeorado como resultado. Sin embargo, sucedió que debido a esa visita la puerta se abrió. ¿Cuáles supuestos fracasos en su vida puede Dios usar para alcanzar a alguien para Cristo?

- Piense en las experiencias e intereses que usted comparte con la persona por la cual está orando. Ore que Dios le muestre cómo "contarle su historia" a esa persona. Una cosa tan simple como un televisor brindó la oportunidad de compartir el evangelio con los Mursi. ¿Habrá algo que sea de interés para esa persona que quizá le provea a usted la puerta abierta para compartirle el evangelio a él o ella?

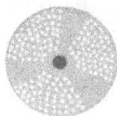

CAPÍTULO 8

Guerra Espiritual – 2 de mayo de 2005

Mientras preparábamos el equipo durante la tarde, podíamos sentir el entusiasmo extendiéndose por toda la aldea. La palabra saltaba de oreja a oreja que Zenabu y sus extraños acompañantes habían traído con ellos una televisión. Esa noche la gente de Hilao la verían con sus propios ojos.

Algunos no paraban de mirarnos mientras nos preparábamos para la presentación. Aún no había oscurecido, pero la curiosidad no los dejaba esperar hasta la noche.

El sol caía en el horizonte. Pronto estaría lo suficientemente obscuro para poder presentar la película. Pero antes que la noche llegase era importante para nosotros encender el equipo y probar que todo funcionara propiamente. La gente había comenzado a aglomerarse mientras Yohannes prendía el equipo para un ensayo. Yohannes era el coordinador de área para la Película JESÚS y había estado viajando con Glen y conmigo por dos semanas. Este joven etíope tenía un gran corazón para con la gente y siempre buscaba la oportunidad para compartir al Señor Jesús.

Dos días antes habíamos pasado la noche en el Hotel Bekele Mola. Mientras Glen y yo dormíamos, Yohannes había organizado luego de las horas de servicio del restaurante una presentación no programada de la Película JESÚS con algunos miembros del personal del hotel. Siempre llevaba consigo un reproductor de DVD que lo usaba para presentaciones individuales o de pequeños grupos. Esa noche, varios empleados del hotel dieron su corazón al Señor Jesús. Nos dio esa buena noticia mientras viajábamos de Arba Minch a Jinka.

Noté que Yohannes estaba agitado. Cuando le pregunté cuál era el problema, me miró y dijo, "Howie, este es el mismo equipo que se usó anoche. Trabajó anoche, pero ahora nada funciona". Estas cosas suceden a menudo. O el generador falla, o falla el reproductor de DVD o el proyector del vídeo, o a veces hasta el sistema de sonido se daña. Un equipo que trabaja bien en una noche, se niega hacerlo la próxima. Afortunadamente teníamos un sistema de repuesto del equipo en el camión. Inmediatamente, Yohannes reemplazó el equipo con el repuesto, pero, con todo, no lograba que el sistema trabajase.

Yohannes pensó por eliminación que el problema podía ser el generador. Pero ninguno de los dos generadores parecía producir energía eléctrica. Por lo menos no se estaba obteniendo electricidad del cable de extensión que conectaba con los equipos electrónicos de última tecnología que utilizamos. Sin embargo, cuando comprobábamos la salida de electricidad justo del generador donde se conectaba el cable de extensión, daba plena capacidad. El cable de extensión estaba en perfectas condiciones, pero la electricidad no pasaba a través de él. Incluso el repuesto del cable de extensión tampoco trabajaba.

Finalmente, de pie y de manera solemne, Yohannes me miró de una forma que nunca olvidaré y susurró, "Howie, este problema no es natural. Es sobrenatural. El enemigo está enredando nuestro equipo". Siempre es un desafió usar tecnología avanzada en una nación en desarrollo. Tratamos a nuestro equipo con cuidado en estos entornos ásperos. Sin embargo, en este caso, parecía que Satanás estaba tratando de impedirnos que alcanzáramos al pueblo Mursi con el evangelio de Jesucristo.

La guerra espiritual es algo que se espera en el frente de batalla del ministerio. Satanás hará todo lo posible para impedir que una persona oiga las buenas nuevas. Pero el ministerio en el Cuerno de África es saturado con oraciones del mundo entero. A menos que Dios no se involucre, sabemos que no se podrá hacer nada. Y en este caso no era una persona, ni incluso un pequeño grupo de personas. Era una tribu completa que era para todo propósito práctico completamente no alcanzada. Era obvio que Satanás estaba haciendo todo lo que podía para detener la presentación de la Película JESÚS esa noche.

Yohannes y yo pusimos nuestras manos sobre el equipo y clamamos al Señor. Le dejamos saber que reconocíamos que los Mursi eran Su creación, que Él había muerto por ellos. Le pedimos al Señor Jesús que echara fuera de la aldea al enemigo y que permitiese que el equipo funcionara correctamente.

Después de decir "Amén," arrancamos el generador otra vez y el equipo se encendió de un golpe. ¡Qué alivio! Qué hubieran hecho los de la aldea si no se hubiese cumplido con la promesa de mostrarles una "televisión" esa noche, solo Dios lo sabe. Aún más importante era que les habíamos dicho que escucharían acerca del Dios que los había creado. Estas personas iban a encontrarse con el Señor Jesús esa misma noche.

A medida empezaba a oscurecer notamos ominosas nubes formándose sobre la aldea. La lluvia era rara en este árido lugar de

Etiopía, pero los nubarrones amenazaban con desatar su furia sobre nosotros, tal y como cuando luchábamos con el desperfecto del equipo. Sin embargo, cuando el equipo revivió luego de nuestras oraciones, sabíamos que nada nos impediría proclamarles al Señor Jesús a estas personas maravillosas. Jesús tenía esa noche bajo su control. Las nubes amenazaron, pero la lluvia nunca llegó.

Para cuando comenzó el equipo a trabajar, toda la aldea se había reunido frente a la gran pantalla. Era una aldea pequeña, pero cada uno de sus 150 habitantes dijo presente. Se sentaron en la tierra pacientemente esperando que la "televisión" hiciera lo suyo. No sabían qué esperar, pero estaban listos para lo que fuera.

Las mujeres no trajeron sus joyas. Habían dejado en sus casas los platos labiales, así que, sus labios inferiores colgaban debajo de su mentón. Parecían sentirse incómodas, siendo que todavía tenían visitas en la aldea, pero querían sentirse relajadas y disfrutar de lo que fuera que sucedería esa noche.

El guardaespaldas de Glen sentado junto a él bajo el árbol con el rifle AK-47 listo para usarlo.

Tanto hombres como mujeres estaban escasamente vestidos, pero casi todos todavía portaban sus fusiles AK-47. Me preguntaba si las necesitaban para protegerse de nosotros, de los animales salvajes o de una tribu vecina.

Me reí entre dientes cuando vi en dónde Glen se había ubicado para ver la presentación de la noche. Había atraído a un amigo que estaba determinado a proveerle protección esa noche. Le había dicho a Glen, a través del intérprete, que lo protegería (en sus palabras) "de leones, hienas, y de la tribu Hamar".[10]

Al fin todo estaba listo. En el momento en que Yahannes iba a comenzar con la proyección, el Señor me habló claramente. El mensaje fue claro, "¡No muestres la Película JESÚS todavía!" "¡Muestra primero el vídeo de Introducción al Antiguo Testamento!" Siempre cargaba con un vídeo extra que usaba con gente de ciertas creencias religiosas en específico el cual, de una manera dramática, presentaba aspectos sobresalientes de la historia del Antiguo Testamento. Como mencioné anteriormente, estaba preocupado de que los Mursi no entendiesen el mensaje de la Película JESÚS por su completa ignorancia del único Dios verdadero y su historia. Supe inmediatamente por qué Dios me impulsó a mostrar primero el vídeo del Antiguo Testamento. De inmediato saqué el vídeo del camión y le pedí a Yohannes que lo enseñara primero. Yohannes hizo el cambio y la gran pantalla cobró vida frente a los Mursi de Hilao.

ACTÚE

- ¿Cuántos obstáculos ha puesto Satanás en su camino a medida usted busca una oportunidad para llevar un ser querido a Cristo? ¿Cuán importante es la oración eficaz y ferviente para obtener victoria sobre el enemigo en estos asuntos? ¿Por cuál cosa está orando a medida alcanza a aquellos que no han experimentado la gracia de Dios?

- Mientras nos preparábamos para proyectar la Película JESÚS, Dios me habló acerca de un enfoque alternativo para presentar el evangelio. El vídeo de la Introducción al Antiguo Testamento se convirtió en una significativa herramienta para comunicar la verdad de Dios a los Mursi. ¿Cómo usted reaccionaría si siente que Dios le dice que haga otra cosa en vez de lo que usted ha planificado? ¿Cuáles serían los resultados de su obediencia o desobediencia?

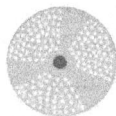

CAPÍTULO 9

Victoria – El mismo Día

Se sentaron y clavaron sus ojos en la pantalla. Nadie se movía. Ni siquiera una expresión audible. Nunca habían visto algo así. No podría decir si estaban pegados a la pantalla por la historia o porque era su primer encuentro con la tecnología de medios.

La historia del Antiguo Testamento se desplegaba delante de ellos. Atestiguaban la creación de Dios de la tierra, a Adán formado del polvo, y a Eva creada de la costilla de Adán. Estaban especialmente fascinados viendo a Adán y Eva viviendo en un huerto. Se maravillaban de la exuberante vegetación, y con las frutas accesibles que colgaban de los árboles. Prestaron suma atención a la representación de la rebelión de nuestros primeros padres contra Dios. Los Mursi gimieron cuando Adán fue echado del huerto y se encontró separado de Dios. Parecía que entendían su desesperación, siendo testigos del dolor en el rostro de Adán cuando se agachó en agonía en aquel suelo ardiente del desierto, y lejos de la presencia de Dios.

Cuando vieron a Caín matando a Abel, me preguntaba si se podían identificar con lo de matar a sus hermanos, como a menudo ocurría en las guerras tribales en las aisladas regiones en que viven. La historia de Dios progresaba de la creación a la rebelión del hombre y luego a un Dios que llamaba a un pueblo como suyo, pero yo tenía mis dudas sobre si de verdad estaban entendiendo lo que estaban viendo. Sólo esperaba que por lo menos entendieran algo.

Cuando el vídeo de Introducción al Antiguo Testamento llegaba al final, apareció la proclamación de Isaías de la venida de un Mesías que liberaría a la humanidad de sus pecados. La película terminaba con esta declaración: Vendría un Salvador. Su nombre sería Jesús.

Yohannes se estaba preparado para cambiar inmediatamente el DVD del Antiguo Testamento con el de la versión completa de la Película JESÚS. Lo hizo con tal rapidez que parecía que no había habido pausa alguna entre las producciones que se sucedieron en la pantalla ante los que las presenciaban. Esto era importante. No queríamos perder la atención de ellos. Era critico que en este punto vieran toda la historia. Continuaron sentados inmóviles delante de la

"televisión" de pantalla grande mientras la historia del evangelio de Lucas comenzó a proyectarse. Zenabu, con gran emoción y fervor, interpretaba la película del amárico al Mursi. Parecía como si estos aldeanos se hubieran puestos en medio de la misma acción que se daba en la gran pantalla.

De pronto, sin previo aviso, el jefe se puso de pie. Se movió hacia delante con excitación y agitación hasta donde se encontraba Zenabu con el micrófono. Vi que el jefe le arrebató el micrófono a Zenabu. Me sorprendió que supiera que podía proyectar su voz con esta tecnología que no había visto antes. Además, me preocupaba profundamente que el líder de esta aldea estuviese enojado por algo que hubiésemos hecho. Casi daba saltos mientras manifestaba su mensaje con gran emoción a través de los altoparlantes. Era obvio que él tenía algo que decir, pero yo no tenía idea de qué era. Todo lo que sabía era que teníamos que estar preparado para escapar si las cosas salían mal. Parecía que quizá tendríamos que huir de otra desastrosa situación en Hilao.

Tomó varios minutos para que la traducción de lo que el jefe decía llegara hasta mí. Al Zenabu traducirlas del Mursi al amárico y Yohannes al inglés, quedé estupefacto. El jefe no estaba enojado en lo absoluto. Nos estaba gritando un mensaje a nosotros con el micrófono firmemente agarrado en las manos:

Ahora sabemos que hay un Dios. Ahora vemos que Él nos creó. Nunca supimos de estas cosas antes. Hemos visto que había mucho fruto en el huerto [hablando del jardín del Edén]. Nosotros plantamos muchas semillas, pero recogemos poco fruto. Somos como Adán, quien fue echado del huerto. Vivimos como animales. Caminamos desnudos delante de los demás. Vivimos en pecado; nos hemos separado de Dios. Pero ya es tarde. Nuestras vacas están en el campo. Debemos ir y traerlas a la protección de nuestras casas. No necesitamos ver nada más de la película. Sólo díganos: ¿Qué tenemos que hacer?

"¿Qué tenemos que hacer?" Realmente, ¿nos preguntaban cómo ser salvos? ¿Había Dios penetrado en las mentes y corazones de este pueblo no alcanzado? Brillaba un rayo de esperanza. Sin embargo, esta gente no había visto mucho de la Película JESÚS. La película se había estado proyectando por poco tiempo. No habían escuchado a Jesús enseñando a las multitudes. Tampoco habían sido testigos del poder milagroso del ministerio de Jesús. No habían visto las sanidades. Y lo más importante, no habían oído que Jesús murió en la cruz para proveer perdón para sus pecados. Aún no sabían de su resurrección de entre los muertos. Lo que fuera que pedían en cuanto a lo que tenían que hacer, era obvio que no entendían plenamente el evangelio.

Yohannes lo entendía así también. Le devolvió el micrófono a Zenabu y le suplicó al jefe y a su pueblo: "Por favor no se vayan. Sus vacas están seguras. Solo dennos unos minutos más". Mientras pedía más tiempo, activó la película para que siguiera proyectándose. Una vez activada, la adelantó hasta la escena de la crucifixión, deteniéndola en la parte de Jesús clavado en la cruz. Con la película en pausa, empezó a predicar:

Sí. Ustedes son como Adán. Ustedes han pecado, y por causa de sus pecados han sido separados de Dios. La separación de Dios es el castigo por su pecado. Están muertos espiritualmente, pero Dios envió a su Hijo Jesús a este mundo para morir por ustedes. Murió para quitar su pecado. Si creen que Jesús murió en su lugar, todos sus pecados serán perdonados. Vendrán a ser sus hijos y vivirán con Él por siempre.

Yohannes indicó que esperaran todavía y que le dieran una oportunidad más para hablar. Volvió a adelantar la película hasta la escena de la Resurrección. Fijaron su mirada en la tumba vacía mientras Yohannes seguía predicando: "Jesús murió por ti, pero después de tres días resucitó de entre los muertos, demostrando Su poder sobre la muerte. La muerte no pudo mantenerlo en la tumba". Yohannes añadió, citando a Romanos 10:9, "...que si confesares con tu boca que Jesús es el Señor, y creyeres en tu corazón que Dios le levantó de los muertos, serás salvo".

El predicador etíope se detuvo. Reinó por un momento el silencio y luego preguntó a sus oyentes qué iban a hacer con Jesús ¿Creían que murió para quitar los pecados de ellos? ¿Creían que había resucitado de entre los muertos? Con un tono sobrio les instó a pasar al frente dónde él estaba parado, si de verdad creían estas cosas y si querían dar sus vidas a Jesús.

Venían, uno a uno. Primero el jefe de la aldea llegó hasta donde estaba Yohannes. Los ancianos de la aldea lo siguieron. Estos orgullosos líderes, que no temían a leones ni a los que atacaban su tribu, se presentaban humildemente rindiéndose a Dios delante de los de la aldea. El jefe y 18 ancianos dieron su corazón a Cristo Jesús. Yohannes les instó a dar todo a Dios mientras los guiaba en la oración del penitente. Muchos levantaban sus AK-47 a Dios como señal de total rendimiento a Él. Un anciano levantó su silla de madera donde había estado sentado durante toda la presentación. Era la manera de este hombre anunciar su entrega a Dios.

Era el 2 de mayo de 2005 el día en que los 19 líderes de la aldea Mursi habían dado sus corazones a Cristo – 6 años desde mi primera visita. En ese día, un pueblo no alcanzado fue removido de la larga lista de los pueblos alrededor del mundo que nunca han oído el nombre de Cristo Jesús.

ACTÚE

- Tengo que confesarles que me sorprendió que los Mursi recibieron el evangelio con tanto gozo. ¿Por qué es que reaccionamos de esa manera cuando Dios alcanza a personas difíciles? ¿Cómo afecta esta historia las oraciones y planes suyos para llegar hasta alguien con quien usted ya se ha dado por vencido?

- Si pensamos que el evangelio es suficientemente poderoso para salvar a aquellos por los que oramos, ¿qué efecto tiene pensar así en la manera en que presentamos el evangelio? ¿Qué métodos de presentación o de terminología entenderían mejor?

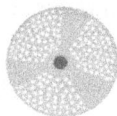

CAPÍTULO 10

Secuelas – Los Días a Seguir

Salimos de Hilao tarde en la noche. Ya empezábamos a sentir los efectos de dos semanas en la carretera. Estábamos agotados por días tras días de viaje, noche tras noche durmiendo en diferentes camas y kilómetros tras kilómetros atravesando carreteras extremadamente difíciles. ¡Estábamos totalmente extenuados emocionalmente!

Sin embargo, ver aquellos 19 hombres pasar al frente entregando sus vidas al único Dios verdadero fue una experiencia increíble. Llegamos a su aldea sabiendo que con Dios todo es posible y, al mismo tiempo, sin esperar alguna vez ver a un pueblo no alcanzado venir al Señor Jesús en una misma noche.

Mientras viajábamos a través del territorio de jungla de regreso a Jinka, la oscuridad de la noche nos hacía recordar la oscuridad espiritual de donde los Mursi habían salido (en todo caso, de dónde cada uno de nosotros también ha salido). Los Mursi eran un pueblo sin esperanza, en ignorancia de su Creador. Temían a los espíritus de sus antepasados. No tenían expectación alguna de una vida más allá del sepulcro.

Ahora la Luz había atravesado la oscuridad de su triste existencia. Gozo para hoy y esperanza para el mañana inundaba sus vidas. Todo había cambiado para los Mursi, y Dios nos había dado el bendito privilegio de hablar para Él en lugares lejanos a gentes que amaba con amor infinito.

Sí, estábamos físicamente agotados y emocionalmente desgastados. Sin embargo, no podíamos sino regocijarnos mientras los neumáticos del camión daban golpes contra la accidentada carretera y contábamos los kilómetros hacía el hotel en Jinka esa noche. Glen y yo habíamos estado orando por los Mursi durante cinco años. Dios nos había usado para hacer una diferencia en las vidas de este pueblo.

Glen no cabía dentro de sí de tanto entusiasmo. Más tarde escribiría:

Debo admitir que, durante estos años de oración y anticipación, me sentía completamente intimidado por el reto de llevarles la película a los Mursi, y a menudo me preguntaba cómo entenderían. Sabíamos que Dios era capaz de superar los desafíos. [Y] sabíamos que sería el Único que podía hacerlo posible.

En cuanto al guardaespaldas que se sentó con Glen junto al árbol aquella noche, escribió: "Fue un momento especial de gozo poder caminar junto a este hombre cuando fue a dar su vida al Señor Jesús. ¡Toda la gloria sea para el Señor Jesús!" Todo fue un gran logro para el Reino, aunque sabíamos que era solo el comienzo. Los 19 hombres que pasaron al frente aquella noche eran niños en Cristo. Dejamos a Zenabu con ellos para que comenzara la tarea de discipulado en Hilao.

La Iglesia del Nazareno más cercana estaba a un día y medio de camino en automóvil, si alguien tuviese vehículo, que no lo tenían. Los Mursi eran nuevos creyentes que habían comenzado su caminar con el Señor Jesús, pero el viaje por delante requeriría gran cantidad de guía espiritual de parte de la Iglesia del Nazareno en la región de Omo del Sur. Muchos viajes largos y peligrosos de los nazarenos de Omo del Sur habrían de ser necesarios para dar seguimiento a los nuevos creyentes.

Todos los Mursi que pasaron al frente a recibir a Cristo esa noche eran hombres, y todos ellos eran líderes de la aldea. Pero esta era la manera de hacer las cosas en la cultura Mursi. Hubiera sido prohibido para las mujeres y los niños pasar al frente y tomar una decisión tan importante sin el consentimiento de los líderes de la aldea. Sin embargo, una vez que los líderes sancionaran la decisión de someterse a Dios, los niños y las mujeres seguirían más luego. Algunas personas de otras culturas quizá no entiendan esta práctica, pero Dios alcanza a cada persona de la manera en que le sea familiar.

Los días del trabajo de seguimiento estuvieron llenos de desafíos. Los nazarenos etíopes que nunca hubieran considerado la posibilidad de tomar sangre, se enfrentaban con nuevos amigos que toman una bebida con mezcla de sangre y leche. Rechazar el ofrecimiento de esta bebida era equivalente al rechazo de la persona que la ofrecía. Entre los problemas que surgieron durante el estudio de las Escrituras estuvo el de tomar sangre.

Las mujeres jóvenes Mursi trajeron a colación lo de cortarse el labio inferior para colgarse las placas de barro. Los ancianos Mursi, especialmente los hombres, se molestaron que la generación joven desafiara tradiciones largamente establecidas. Los ancianos de la aldea les preguntaron a las niñas cómo era posible que quisieran abandonar tradiciones que los Mursi habían observado por generaciones. Con gran frustración les recordaban a las niñas que nadie tenía memoria del tiempo en el que una mujer no estuviera adecuadamente vestida sin su plato labial. Asuntos así son con los que se enfrenta la iglesia mientras entrena a nuevos creyentes de tribus no alcanzadas en regiones remotas de África.

Hoy día tenemos una iglesia entre los Mursi. Una cabeza de playa ha sido establecida, pero un movimiento de multiplicación de iglesias entre los Mursi todavía no se ha dado en parte por su remota localización y su estilo de vida nómada. Hemos visto que un grupo nativo ha sido alcanzado gracias a las oraciones de un hombre de negocios en Roanoke, Virginia, un misionero en el Cuerno de África, y una gran cantidad de patrocinadores alrededor del mundo comprometidos con la visión de alcanzar a los no alcanzados. En primer lugar, fue la oración la que trajo a los Mursi a Cristo, y será la oración la que nos permitirá participar con Dios en la multiplicación de creyentes e iglesias a través de todo el pueblo Mursi.

ACTÚE

- Después de que el jefe y los ancianos de la comunidad viniesen a Cristo se estableció un comienzo, pero todavía había mucho trabajo por hacer. La comisión del Señor Jesús es hacer discípulos, no convertidos. ¿Cómo ayuda usted a hacer discípulos?

- ¿Cuáles cree usted que podrían ser los problemas implicados en la formación de los Mursi a fin de hacerlos seguidores del Señor Jesús? ¿Cuáles preocupaciones son importantes con el hacer discípulos en la comunidad donde usted vive?

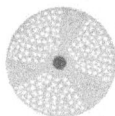

CAPÍTULO 11

Un Reto a los Lectores

Al leer la historia de los Mursi, estoy seguro que usted ha podido ver claramente cómo los cristianos alrededor del mundo pueden ayudar a tener un impacto significativo a nivel mundial. Los Argabright hicieron sus contribuciones para alcanzar a los Mursi con donaciones financieras y tiempo. Oraron por años para ver a un pueblo nativo no alcanzado aprender del amor del Padre, del sacrificio de Cristo, y del poder y el consuelo del Espíritu Santo. Estuvieron también involucrados en alcanzar a otros grupos nativos en Etiopía en otros países del Cuerno de África y más allá.

Aunque este libro se ha enfocado en el alcance a los Mursi, otros colaboradores en el Cuerno de África han participado en diversos ministerios a lo largo de los años.[11] Sus funciones podrán ayudarle a comprender las muchas necesidades en un área misionera de la Iglesia del Nazareno. (Esta lista no es exhaustiva y seguramente cambiará de área en área y con el tiempo.)

- Larry Wiest, de Encinitas, California, ayudó a la expansión de la iglesia del pueblo Nuer en la región de Gambella de Etiopía y de Sudán del Sur. Centros de entrenamiento, construidos a través de toda Etiopía, ayudaron en la capacitación de pastores de varios países en el Cuerno de África. Larry llegó a ser uno de los entrenadores aprobados de maestros para el programa educativo de extensión, el cual prepara a los pastores en la predicación, la enseñanza, la teología y el liderazgo.

- John Rush y Walt Sharp fueron dos colaboradores en el Cuerno de África que dirigieron el capítulo de colaboración de Denver, Colorado. Recaudaron dinero para programas de desarrollo de liderazgo y proporcionaron un extenso apoyo de oración el trabajo misionero del Cuerno.

- Voluntarios de los Mission Corps, dieron meses y algunas veces años de sus vidas al Cuerno de África.

- Otros voluntarios sirvieron durante períodos más cortos.

- Steve Sharp, un misionero voluntario, sirvió por años con sacrificio en el Cuerno. Trabajó con un líder autóctono en el desarrollo del ministerio de la Película JESÚS. Steve viajaba por semanas por la selva virgen llevando el evangelio a la gente y entrenando líderes en métodos de evangelización y discipulado.

- Bob and Janet Miller de Indiana dieron años de servicio a la gente del Cuerno. Bob sirvió como Coordinador de Trabajo y Testimonio en la región.

- Iglesias locales se hicieron socias con el área del Cuerno de África. Es increíble el número de nazarenos e iglesias locales en los Estados Unidos que aportaron significativas contribuciones al trabajo en los tan desafiantes países del Cuerno de África.

- Más allá de estos que hemos mencionado están los miles de naza-renos que fielmente contribuyeron al Fondo de Evangelización Mundial, el cual proporciona la infraestructura para los minis-terios que se desarrollan a lo largo del Cuerno de África, de la región de África y, ciertamente, del mundo.

Lo que estoy diciendo es esto: pídale a Dios cómo usted podría servir para ser de impacto en el Reino de Dios alrededor del mundo. Si está involucrado de alguna manera en las misiones, puede hacerlo alcanzando el mundo en maneras aún mayores. Si tiene negocio pro-pio, ¿ha considerado donar una porción de sus ganancias para que sean usadas para alcanzar a otros? ¿Qué podría Dios hacer con su vida si la dedicase al Señor para propósitos del Reino?

Aún más importante, ore. Cualquier persona puede orar, no im-porta la edad, los ingresos o las habilidades. No quiero decir "de los labios para afuera", en donde termine su oración diaria diciendo, "Oh, sí, Señor, bendice a los misioneros y su trabajo alrededor del mundo". Me refiero a llevar una carga por años por algún pueblo nativo no alcanzado. Le estoy pidiendo que permita que su corazón se desgarre por personas que aún no conocen a Cristo al punto de clamar a Dios por ellos. Permita que Dios lo use. Sus oraciones pue-den hacer la diferencia de en dónde algunas personas pasarán la eternidad.

En el contexto de hoy en día existen lugares donde es difícil en-viar a misioneros. En muchos países existen gobiernos y culturas que prohíben la proclamación del evangelio. En situaciones como estas las personas pueden servir de la forma que muchos denominan no "tradicional". El apóstol Pablo viajaba por el mundo y proveía para sus necesidades haciendo tiendas. Quizá Dios le ha dado a usted destrezas que se necesiten en otras áreas del mundo y la oportunidad de proveer para sus propias necesidades y así poder ayudar en esas áreas. O quizá ha sentido el llamado de Dios al servicio misionero en otra cultura o ministerio en su propia comunidad.

Dios continúa buscando gente que ore, dé, comparta su fe con los que le rodean y dispuestos a alcanzar a los no alcanzados de distintas maneras. Dios puede estar esperando que usted comparta al Señor Jesús con un amigo o quizá con su vecino más cercano. Es cierto que debemos estar al tanto de las muchas necesidades a nivel global, pero no descuidemos a aquellos alrededor de nosotros. Millones tienen aún que aceptar la salvación disponible para ellos, pero Dios abrirá sus corazones si continuamos orando, dando y compartiendo la maravillosa noticia de que Cristo salva.

Y no se olviden de los Mursi. "Rogad, pues, al Señor de la mies, que envíe obreros a su mies"[12] del valle de Omo del Sur para que discipulen a los creyentes de Mursi. Ore que Dios expanda el campo de cosecha ya establecido, provocando una multiplicación de creyentes que puedan alcanzar al pueblo Mursi entero.

ACTÚE

- El Fondo de Evangelización Mundial provee a los nazarenos la oportunidad de participar en la misión de Dios alrededor del mundo. Este maravilloso ministerio afecta todos los demás ministerios (directa o indirectamente) y le permite a usted tener una participación en todo trabajo alrededor del mundo.

- ¿Con cuáles pasiones, recursos o dones ha sido usted bendecido que podrían ser utilizados para la gloria de Dios en el campo misionero, a corto o largo plazo?

- Visite el sitio web del Joshua Project (www.joshuaproject.net). El Joshua Project es una iniciativa investigativa que busca destacar los grupos de pueblos nativos del mundo con el menor número de seguidores de Cristo. En el sitio web hay páginas dedicadas a todos estos grupos alrededor del mundo con información sobre ellos, con recursos de oración, y con ideas que usadas por individuos e iglesias para animar la oración por los pueblos no alcanzados. Pídale a Dios que le dé el deseo de orar por pueblos nativos no alcanzados.

- Ponga al pueblo Mursi en su lista de oración e interceda por ellos regularmente.

- Estamos llamados a ser cristianos mundiales. ¿Qué cree usted que esto significa y cómo podría ser un cristiano mundial más efectivo?

- Si usted siente que Dios lo está guiando a participar en las misiones de forma directa (además de orar, dar, aprender e ir en viajes de corto plazo) visite mobilization.nazarene.org para que se informe de las muchas oportunidades de servicio misionero en la Iglesia del Nazareno. Usted podría ser justo la persona que supla una necesidad crítica en la mies global de Dios.

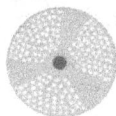

APÉNDICE

Principios Estratégicos para el Cuerno de África

Como mencioné en la Introducción, cada pueblo nativo requería una estrategia única para poder alcanzarlos dentro de su cultura y de sus varias percepciones de Dios. A continuación, ofrecemos algunos principios estratégicos básicos que se aplicaron al trabajo de la Iglesia del Nazareno en todo el Cuerno de África y a sus grupos de pueblos nativos.

- Cada nazareno debía hacer discípulos de Cristo que hicieran discípulos que hicieran discípulos, etc.

- Cada iglesia nazarena debía fundar una iglesia que fundara una iglesia que fundara una iglesia. Las iglesias debían reproducirse cada 6 o 12 meses, y debían ser responsables del debido desarrollo de las iglesias que fundaran.

- Cada pastor nazareno debía entrenar a un pastor que entrenara a un pastor. Este entrenamiento implicaba tutoría continua que suplementara el entrenamiento que el pastor recibía en nuestro programa de educación por extensión.

- Todo el que recibía entrenamiento era responsable de entrenar a otros.

- Nadie podía graduarse de nuestro programa de educación por extensión, o ser ordenado, a menos que él o ella cumpliera con todos los requisitos académicos y además fundara una iglesia que fundara otra iglesia.

- Existían por lo menos tres niveles en el entrenamiento del programa de educación por extensión. Entrenábamos a entrenadores en los centros de entrenamiento del área. Estos entrenadores de entrenadores entrenaban a su vez a maestros de pastores en los centros de entrenamiento de distrito. Los maestros de pastores a su vez capacitaban a pastores locales en centros de entrenamiento de zona. De manera informal, los pastores enseñaban a su vez a laicos en las iglesias locales en las diversas zonas. Los cursos duraban de 2 a 3 semanas, dependiendo del nivel de entrenamiento que se estuviera cubriendo.

- Se utilizaba una estrategia de discipulado basada en la obediencia en lugar de una basada en el conocimiento. Esto es, nos enfocábamos en la obediencia a la Palabra de Dios en vez de solo conocer la Palabra de Dios.

- Una vez al mes, las iglesias se reunían para participar de confraternidad, adoración, ministerios de compasión, entrenamiento, evangelización, discipulado y fundación de iglesias. Entre 5 a 10 iglesias locales, incluyendo los pastores y su gente, se reunían de acuerdo a la localización geográfica. Estas concentraciones se convertían en equipos de confraternidad misional que impactaban las aldeas y la vecindad al poner en práctica la Palabra de Dios.

Estas reuniones permitían a la gente estar juntos todo el día y hasta la noche ministrando todo el fin de semana.

Teníamos otros principios en nuestra estrategia, pero estos fueron los más importantes. Creíamos que estas estrategias dadas por Dios establecían las condiciones para que Dios se moviera entre los 150 millones de personas que vivían en el Cuerno. Miles de millares de personas que se resistían al evangelio vinieron a Cristo en los años que el Señor nos dio el privilegio de unirnos a Él en misión en el Cuerno de África.

NOTAS

[1] El Cuerno es la forma abreviada de designar la región del noreste de África conocida como el Cuerno de África, que consiste de los siguientes países: Etiopía, Eritrea, Sudán del Sur y varias áreas de acceso creativo. Un área de acceso creativo designa aquella área en la que no es seguro hacer público el trabajo de los miembros de nuestros equipos.

[2] Un grupo de "pueblo nativo" es un grupo de personas que comparten identidad y características comunes (por ejemplo, idioma, costumbres, normas y prácticas que ayudan a definir lo que son).

[3] La injera es un alimento básico etíope de consumo diario. Consiste de una especie de tortilla que se utiliza para tomar del plato los demás alimentos en lugar de utilizar utensilios. Los diversos alimentos etíopes se comen puestos sobre ese tipo de pan.

[4] El tibs es un preparado de pedacitos de carne frita que se pone sobre la injera.

[5] Los antepasados del pueblo Nuer inmigraron a Etiopía años atrás motivados por varios factores como sequías, guerras, etc.

[6] Esto ocurrió antes de que el Cuerno de África se separara del área del este de África y se convirtiera en un área por sí propia.

[7] Véase el Apéndice para los Principios Estratégicos para el Cuerno de África

[8] El Huroy es un juego de mancala practicado por la gente Mursi. La mancala es una familia de juegos de tablero practicados alrededor del mundo y que a veces se les llama juegos de "siembra" o de "cuenta y captura" para describir la forma de jugarlos.

[9] El amárico es el idioma oficial nacional de Etiopía. A Etiopía le pertenecen 88 idiomas individuales, según *Ethnologue: Languages of the World*, una obra completa de referencia que cataloga todos los idiomas vivos que se conocen en el mundo.

[10] El pueblo Hamar era un pueblo nativo vecino que en ocasiones le robaba ganado a los Mursi. Era un tipo de robo que a menudo resultaba en la muerte de guerreros tanto del lado Mursi como del Hamar.

[11] Los socios de área eran mujeres y hombres de las iglesias locales provenientes de la iglesia global que se unían al coordinador de estrategia y a los misioneros de área para proporcionar apoyo por medio de contribuciones financiera y oración.

[12] Lucas 10:2

www.ingramcontent.com/pod-product-compliance
Lightning Source LLC
Chambersburg PA
CBHW021137020426
42331CB00005B/814